AF175664

Impressum
Verlag: BABADADA GmbH, Nedderfeld 112 , 22529 Hamburg
Geschäftsführer / Verlagsleitung: Harald Hof
Druck: Books on Demand GmbH, In de Tarpen 42, 22848 Norderstedt

Imprint
Publisher: BABADADA GmbH, Nedderfeld 112 , 22529 Hamburg, Germany
Managing Director / Publishing direction: Harald Hof
Print: Books on Demand GmbH, In de Tarpen 42, 22848 Norderstedt, Germany

школа

école

класна кімната
salle de classe

ділити
diviser

186/2

дошка
tableau noir

шкільний двір
cour de récréation

вчитель
enseignant

папір
papier

писати
écrire

ручка
stylo

письмовий стіл
bureau

лінійка
règle

книга
livre

учень
élève

ранець
sac d'école

пенал
trousse

олівець
crayon

точило
taille-crayon

гумка
gomme

альбом для малювання
carnet à dessin

малюнок

dessin

пензель

pinceau

коробка фарб

boîte de peinture

ножиці

ciseaux

клей

colle

зошит

cahier d'exercices

домашнє завдання

tâches

число

chiffre

додавати

additionner

віднімати

soustraire

множити

multiplier

рахувати

calculer

літера

lettre

абетка

alphabet

слово

mot

текст

texte

читати

lire

крейда

craie

година

leçon

класний журнал

livre de classe

екзамен

examen

диплом

certificat

шкільна форма

uniforme scolaire

освіта

formation

лексикон

lexique

університет

université

мікроскоп

microscope

карта

carte

кошик для паперу

corbeille à papier

готель
hôtel

турбаза
auberge

обмінний пункт
bureau de change

валіза
valise

автомобіль
voiture

мова

langue

так / ні

oui / non

добре

d'accord

привіт

Salut

перекладач

interprète

дякую

merci

Скільки коштує ...?

Combien coûte...?

Я не розумію

Je ne comprends pas

проблема

problème

Добрий вечір!

Bonsoir!

Доброго ранку!

Bonjour!

На добраніч!

Bonne nuit!

До побачення

Au revoir

напрямок

direction

багаж

bagages

сумка

sac

рюкзак

sac-à-dos

гість

hôte

кімната

pièce

спальний мішок

sac de couchage

намет

tente

подорож - voyage

туристична інформація

office de tourisme

пляж

plage

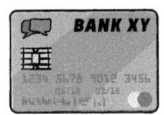

кредитна картка

carte de crédit

сніданок

petit-déjeuner

обід

déjeuner

вечеря

dîner

квиток

billet

ліфт

ascenseur

поштова марка

timbre

межа

frontière

митниця

douane

посольство

ambassade

віза

visa

паспорт

passeport

подорож - voyage

транспорт
transport

літак
avion

корабель
navire

пожежна машина
véhicule de pompiers

автобус
bus

вантажний автомобіль
camion

моторний човен
bateau à moteur

велосипед
bicyclette

автомобіль
voiture

пором

ferry

човен

barque

мотоцикл

moto

поліцейська машина

voiture de police

гоночний автомобіль

voiture de course

автомобіль на прокат

voiture de location

льне користування авто

autopartage

евакуатор

dépanneuse

сміттєвоз

benne à ordures

двигун

moteur

паливо

essence

автозаправна станція

station d'essence

дорожній знак

panneau indicateur

рух

trafic

затор

embouteillage

стоянка

parking

вокзал

gare

рейки

rails

потяг

train

трамвай

tram

вагон

wagon

гелікоптер

hélicoptère

аеропорт

aéroport

вежа

tour

пасажир

passager

контейнер

container

коробка

carton

візок

chariot

кошик

corbeille

стартувати / приземлятися

décoller / atterrir

місто

ville

село

village

центр міста

centre-ville

дім

maison

кіно
cinéma

реклама
publicité

вуличний ліхтар
réverbère

вулиця
rue

таксі
taxi

кіоск
kiosque

пішохід
piéton

тротуар
trottoir

пішохідний перехід
passage piéton

сміттєве відро
poubelle

перехрестя
carrefour

світлофор
feux de circulation

CINEMA

хатина
cabane

квартира
appartement

вокзал
gare

ратуша
mairie

музей
musée

школа
école

університет

université

банк

banque

лікарня

hôpital

готель

hôtel

аптека

pharmacie

офіс

bureau

книжковий магазин

librairie

магазин

magasin

квітковий магазин

fleuriste

супермаркет

supermarché

ринок

marché

універмаг

grand magasin

торговець рибою

poissonnerie

торговельний центр

centre commercial

гавань

port

парк
parc

лава
banque

міст
pont

сходи
escaliers

метро
métro

тунель
tunnel

автобусна зупинка
arrêt de bus

бар
bar

ресторан
restaurant

поштова скринька
boîte à lettres

вулична табличка
panneau indicateur

лічильник паркування
parcomètre

зоопарк
zoo

басейн
réverbère

мечеть
mosquée

ферма

ferme

забруднення
навколишнього
середовища

pollution

кладовище

cimetière

церква

église

дитячий майданчик

aire de jeux

храм

temple

ландшафт

paysage

листок
feuille

вказівний стовп
panneau indicateur

шлях
chemin

луг
pré

камінь
pierre

дерево
arbre

мандрівник
randonneur

річка
rivière

трава
herbe

квітка
fleur

долина

vallée

гора

montagne

озеро

lac

ліс

forêt

пустеля

désert

вулкан

volcan

замок

château

веселка

arc-en-ciel

гриб

champignon

пальма

palmier

комар

moustique

муха

mouche

мурашка

fourmis

бджола

abeille

павук

araignée

ландшафт - paysage

жук

scarabée

жаба

grenouille

вивірка

écureuil

їжак

hérisson

заєць

lapin

сова

chouette

птах

oiseau

лебідь

cygne

кабан

sanglier

олень

cerf

лось

élan

гребля

barrage

вітряк

éolienne

сонячний модуль

panneau solaire

клімат

climat

офіціант
serveur

меню
menu

стілець
chaise

суп
soupe

піца
pizza

столові прилади
services

скатертина
nappe

закуска
hors d'œuvre

друга страва
plat principal

десерт
dessert

напої
boissons

їжа
alimentation

пляшка
bouteille

фаст-фуд

fast-food

вулична їжа

plats à emporter

чайник

théière

цукорниця

sucrier

порція

portion

еспресо-машина

machine à expresso

високий стільчик

chaise haute

рахунок

facture

піднос

plateau

ніж

couteau

вилка

fourchette

ложка

cuillère

чайна ложка

cuillère à thé

серветка

serviette

склянка

verre

тарілка

assiette

тарілка для супу

assiette à soupe

блюдце

soucoupe

соус

sauce

солонка

salière

млин для перцю

moulin à poivre

оцет

vinaigre

масло

huile

спеції

épices

кетчуп

ketchup

гірчиця

moutarde

майонез

mayonnaise

пропозиція
offre promotionnelle

клієнт
client

молочні продукти
produits laitiers

фрукти
fruits

візок для покупок
caddie

м'ясний магазин

boucherie

пекарня

boulangerie

зважувати

peser

овочі

légumes

м'ясо

viande

заморожені продукти

aliments surgelés

ковбасна нарізка

charcuterie

консерви

conserves

пральний порошок

poudre à lessive

солодощи

bonbons

предмети домашнього побуту

articménagers

мийний засіб

détergents

продавщиця

vendeuse

каса

caisse

касир

caissier

список покупок

liste d'achats

часи роботи

heures d'ouverture

гаманець

portefeuille

кредитна картка

carte de crédit

сумка

sac

поліетиленовий пакет

sac en plastique

вода

eau

сік

jus de fruit

молоко

lait

кола

coca

вино

vin

пиво

bière

алкоголь

alcool

какао

chocolat chaud

чай

thé

кава

café

еспресо

expresso

капучіно

cappuccino

банан

banane

яблуко

pomme

апельсин

orange

кавун

melon

лимон

citron

морква

carotte

часник

ail

бамбук

bambou

цибуля

oignon

гриб

champignon

горішки

noisettes

локшина

pâtes

спагеті

spaghettis

рис

riz

салат

salade

картопля фрі

frites

смажена картопля

pommes de terre rôties

піца

pizza

гамбургер

hamburger

бутерброд

sandwich

шніцель

escalope

шинка

jambon

салямі

salami

ковбаса

saucisse

курка

poulet

печеня

rôti

риба

poisson

вівсяні пластівці

flocons d'avoine

мюслі

muesli

кукурудзяні пластівці

cornflakes

борошно

farine

круасан

croissant

булочка

petits-pains

хліб

pain

тостовий хліб

pain grillé

печиво

biscuits

масло

beurre

сир

fromage blanc

пиріг

gâteau

яйце

œuf

яєчня

œuf au plat

сир

fromage

морозиво

glace

цукор

sucre

мед

miel

мармелад

confiture

нуга-крем

crème nougat

карі

curry

їжа - alimentation

сільський будинок
ferme

комора
grange

солом'яні тюки
botte de paille

поле
champ

кінь
cheval

причіп
remorque

лоша
poulain

трактор
tracteur

віслюк
âne

ягня
agneau

вівця
mouton

коза
chèvre

корова
vache

теля
veau

свиня
porc

порося
porcelet

бик
taureau

гусак

oie

качка

canard

курча

poussin

курка

poule

півень

coq

щур

rat

кіт

chat

миша

souris

віл

bœuf

собака

chien

собача будка

chenil

садовий шланг

tuyau de jardin

лійка

arrosoir

коса

faucheuse

плуг

charrue

серп

faucille

мотика

pioche

вила

fourche

сокира

hache

тачка

brouette

корито

cuve

бідон молока

pot à lait

мішок

sac

паркан

clôture

хлів

étable

теплиця

serre

ґрунт

sol

насіння

semences

добриво

engrais

комбайн

moissonneuse-batteuse

пожинати

récolter

урожай

récolte

корінь ямсу

igname

пшениця

blé

соя

soja

картопля

pomme de terre

кукурудза

maïs

ріпак

colza

плодове дерево

arbre fruitier

маніок

manioc

злаки

céréales

димохід
cheminée

дах
toit

водостічний лоток
gouttière

вікно
fenêtre

гараж
garage

дзвінок
sonnette

двері
porte

відро для сміття
poubelle

поштова скринька
boîte aux lettres

сад
jardin

вітальня

salon

ванна кімната

chambre de bain

кухня

cuisine

спальня

chambre à coucher

дитяча кімната

chambre d'enfant

їдальня

salle à manger

підлога

sol

стіна

mur

стеля

plafond

підвал

cave

сауна

sauna

балкон

balcon

тераса

terrasse

басейн

piscine

косарка

tondeuse à gazon

простирало

fourre de duvet

ковдра

couette

ліжко

lit

мітла

balai

відро

sceau

перемикач

interrupteur

шпалери
papier peint

малюнок
image

лампа
lampe

поличка
étagère

шафа
armoire

камін
cheminée

телевізор
télé

квітка
fleur

подушка
coussin

ваза
vase

диван
canapé

пульт
télécommande

килим

tapis

завіса

rideau

стіл

table

стілець

chaise

крісло-гойдалка

chaise à bascule

крісло

fauteuil

книга

livre

ковдра

couverture

прикраса

décoration

дрова

bois de chauffage

фільм

film

стереосистема

chaîne hi-fi

ключ

clé

газета

journal

картина

peinture

плакат

poster

радіо

radio

блокнот

bloc-notes

пилосос

aspirateur

кактус

cactus

свічка

bougie

мікрохвильова піч
four à micro-ondes

холодильник
frigo

кухонні ваги
balance de cuisine

тостер
toasteur

мийний засіб
détergent

піч
four

морозильне відділення
compartiment congélateur

відро для сміття
poubelle

посудомийна машина
lave-vaisselle

плита

four

горщик

casserole

чавунний горщик

marmite

вок / кадай

wok/kadai

сковорода

poêle

чайник

bouilloire électrique

пароварка

cuiseur vapeur

лист

plaque de cuisson

посуд

vaisselle

кухоль

gobelet

чаша

bol

палички для їжі

baguettes

черпак

louche

лопатка

spatule

вінчик для збивання

fouet

сито

passoire

сито

tamis

терка

râpe

ступка

mortier

барбекю

barbecue

багаття

cheminée

дошка

planche à découper

качалка

rouleau à pâtisserie

штопор

tire-bouchon

конзерва

boîte

відкривачка

ouvre-boîte

прихватки

maniques

раковина

lavabo

щітка

brosse

губка

éponge

міксер

mixeur

морозильна камера

congélateur

дитяча пляшка

biberon

кран

robinet

кухня - cuisine

опалення
chauffage

душ
douche

рушник
serviette

душова завіса
rideau de douche

пиниста ванна
bain moussant

ванна
baignoire

склянка
verre

пральна машина
machine à laver

кран
robinet

плитка
carrelage

горшок
pot

раковина
lavabo

туалет
toilettes

підлоговий туалет
toilette à turque

біде
bidet

пісуар
urinoir

туалетний папір
papier toilette

щітка для туалету
brosse à toilette

зубна щітка

brosse à dents

зубна паста

dentifrice

нитка для чищення зубів

fil dentaire

мити

laver

ручний душ

douche manuelle

інтимний душ

douche intime

таз

vasque

щітка для спини

brosse dorsale

мило

savon

гель для душу

gel douche

шампунь

shampooing

мочалка

gant de toilette

водостік

écoulement

крем

crème

дезодорант

déodorant

ванна кімната - chambre de bain

дзеркало

miroir

косметичне дзеркало

miroir cosmétique

бритва

rasoir

піна для гоління

mousse à raser

лосьйон після гоління

après-rasage

гребінь

peigne

щітка

brosse

фен

sèche-cheveux

лак для волосся

laque pour cheveux

косметика

fond de teint

губна помада

rouge à lèvres

лак для нігтів

vernis à ongles

вата

ouate

ножиці для нігтів

coupe-ongles

парфум

parfum

косметичка

trousse de toilette

табурет

tabouret

ваги

balance

халат

peignoir

гумові рукавички

gants de nettoyage

тампон

tampon

гігієнічні прокладки

serviettes hygiéniques

біотуалет

toilette chimique

будильник
réveil

м'яка іграшка
doudou

іграшковий автомобіль
voiture jouet

брязкальце
hochet

ляльковий будиночок
maison de poupée

подарунок
cadeau

повітряна кулька
ballon

ліжко
lit

дитячий візок
poussette

картярська гра
jeu de cartes

пазл
puzzle

комікс
bande dessinée

лего цеглинки

pièces lego

блоки

blocs de construction

повзунки

grenouillère

фризбі

frisbee

мобіле

mobile

настільна гра

jeu de société

кубик

dé

модель залізнична станція

train miniature

соска

sucette

вечірка

fête

книжка з картинками

livre d'images

м'яч

balle

лялька

poupée

грати

jouer

іграшкова фігурка

figurine

пісочниця

bac à sable

гойдалка

balançoire

іграшка

jouets

гральна консоль

console de jeu

триколісний велосипед

tricycle

плюшевий мішка

ours en peluche

шафа

armoire

одяг
vêtements

шкарпетки

chaussettes

панчохи

bas

колготки

collant

шарф
écharpe

парасоля
parapluie

ремінь
ceinture

футболка
t-shirt

чоботи
bottes

домашнє взуття
pantoufles

кросівки
baskets

сандалі
sandales

взуття
chaussures

гумові чоботи
bottes de caoutchouc

труси
linge de corps

бюстгальтер
soutien-gorge

нижня сорочка
maillot de corps

боді

body

штани

pantalon

джинси

jean

спідниця

jupe

блузка

chemisier

сорочка

chemise

пуловер

pull

светр

pull-over à capuche

піджак

veste

куртка

veste

пальто

manteau

дощовик

imperméable

костюм

costume

сукня

robe

весільна сукня

robe de mariée

костюм

costume

нічна сорочка

chemise de nuit

піжама

pyjama

сарі

sari

головна хустка

foulard

чалма

turban

бурка

burqa

кафтан

caftan

абая

abaya

купальник

maillot de bain

плавки

costume de bain

шорти

cuissettes

тренувальний костюм

tenue d'entraînement

фартух

tablier

рукавички

gants

одяг - vêtements

гудзик

bouton

окуляри

lunettes

браслет

bracelet

ланцюг

collier

кільце

bague

сережка

boucle d'oreille

шапка

bonnet

плічка

cintre

капелюх

chapeau

краватка

cravate

застібка-блискавка

fermeture éclair

шолом

casque

підтяжки

bretelles

шкільна форма

uniforme scolaire

уніформа

uniforme

нагрудник

bavoir

соска

sucette

підгузок

couche

офіс
bureau

сервер
serveur

шаф для документів
armoire d'archivage

принтер
imprimante

монітор
écran

папір
papier

миша
souris

письмовий стіл
bureau

папка
classeur

синтезатор
clavier

кошик для паперу
corbeille à papier

стілоць
chaise

комп'ютер
ordinateur

кавовий кухоль

tasse à café

калькулятор

calculatrice

інтернет

internet

ноутбук

ordinateur portable

лист

lettre

повідомлення

message

мобільний телефон

portable

мережа

réseau

копіювальний пристрій

photocopieuse

програмне забезпечення

logiciel

телефон

téléphone

розетка

prise

факс

fax

бланк

formulaire

документ

document

купувати

acheter

платити

payer

торгувати

marchander

гроші

monnaie

долар

dollar

євро

euro

ієна

yen

рубль

rouble

франк

franc suisse

юанів женьміньбі

renminbi yuan

рупія

roupie

банкомат

distributeur automatique

обмінний пункт

bureau de change

золото

or

срібло

argent

нафта

pétrole

енергія

énergie

ціна

prix

контракт

contrat

податок

taxe

акція

action

працювати

travailler

працівник

employé

роботодавець

employeur

фабрика

usine

магазин

magasin

пожежник
pompier

поліцейський
agent de police

повар
cuisinier

лікар
médecin

пілот
pilote

садівник
jardinier

столяр
menuisier

швачка
couturière

суддя
juge

хімік
chimiste

актор
acteur

водій автобуса

conducteur de bus

таксист

chauffeur de taxi

рибалка

pêcheur

прибиральниця

femme de ménage

покрівельник

couvreur

офіціант

serveur

мисливець

chasseur

художник

peintre

пекар

boulanger

електрик

électricien

будівельник

ouvrier

інженер

ingénieur

забійник

boucher

бляхар

plombier

листоноша

facteur

солдат

soldat

архітектор

architecte

касир

caissier

флорист

fleuriste

перукар

coiffeur

кондуктор

contrôleur

механік

mécanicien

капітан

capitaine

дантист

dentiste

вчений

scientifique

рабин

rabbin

імам

imam

монах

moine

пастор

prêtre

молоток
marteau

щипці
pinces

викрутка
tournevis

гайковий ключ
clé

кишеньковий
torche

екскаватор

pelleteuse

ящик для інструментів

boîte à outils

драбина

échelle

пилка

scie

цвяхи

clous

свердло

perceuse

ремонтувати

réparer

лопата

pelle

лайно!

Mince!

совок

pelle

відро з фарбою

pot de peinture

гвинти

vis

музичні інструменти
instruments de musique

ударна установка
batterie

динамік
haut-parleur

гітара
guitare

контрабас
contrebasse

труба
trompette

фортепіано

piano

скрипка

violon

бас

basse

литаври

timbales

барабан

tambour

клавіатура

piano électrique

саксофон

saxophone

флейта

flûte

мікрофон

microphone

тигр
tigre

клітка
cage

зебра
zèbre

корм
alimentation animale

вхід
entrée

панда
panda

тварини

animaux

слон

éléphant

кенгуру

kangourou

носоріг

rhinocéros

горила

gorille

ведмідь

ours

верблюд

chameau

страус

autruche

лев

lion

мавпа

singe

фламінго

flamand rose

папуга

perroquet

білий ведмідь

ours polaire

пінгвін

pingouin

акула

requin

павич

paon

змія

serpent

крокодил

crocodile

працівник зоопарку

gardien de zoo

тюлень

phoque

ягуар

jaguar

поні

poney

леопард

léopard

гіпопотам

hippopotame

жираф

girafe

орел

aigle

кабан

sanglier

риба

poisson

черепаха

tortue

морж

morse

лисиця

renard

газель

gazelle

американський футбол
american Football

їзда на велосипеді
cyclisme

теніс
tennis

баскетбол
basket-ball

плавання
natation

бокс
boxe

хокей
hockey sur glace

футбол
football

бадмінтон
badminton

легка атлетика
athlétisme

гандбол
handball

лижні перегони
ski

поло
polo

сміятися
rire

стрибати
sauter

обіймати
embrasser

йти
marcher

співати
chanter

мріяти
rêver

молитися
prier

цілувати
faire la bise

писати
écrire

малювати
dessiner

показувати
montrer

тиснути
pousser

давати
donner

брати
prendre

мати

avoir

робити

faire

бути

être

стояти

être debout

бігати

courir

тягнути

trier

кидати

jeter

падати

tomber

лежати

être couché

очікувати

attendre

носити

porter

сидіти

être assis

одягати

s'habiller

спати

dormir

просипатися

se réveiller

дивитися

regarder

плакати

pleurer

гладити

caresser

розчісувати

peigner

розмовляти

parler

розуміти

comprendre

питати

demander

слухати

écouter

пити

boire

їсти

manger

прибирати

ranger

любити

aimer

варити

cuire

їхати

conduire

літати

voler

йти під вітрилом

faire de la voile

рахувати

calculer

читати

lire

вчитися

apprendre

працювати

travailler

одружуватися

se marier

шити

coudre

чистити зуби

se brosser les dents

убивати

tuer

курити

fumer

посилати

envoyer

бабуся
grand-mère

дідуся
grand-père

батько
père

мати
mère

немовля
bébé

донька
fille

син
fils

гість

hôte

тітка

tante

дядько

oncle

брат

frère

сестра

sœur

чоло
front

око
œil

плече
épaule

палець
doigt

обличчя
visage

підборіддя
menton

кисть
main

груди
poitrine

нога
jambe

рука
bras

немовля

bébé

чоловік

homme

жінка

femme

дівчина

fille

хлопчик

garçon

голова

tête

спина

dos

живіт

ventre

пуп

nombril

палець ноги

orteil

п'ята

talon

кістка

os

стегно

hanche

коліно

genou

лікоть

coude

ніс

nez

сідниці

fesses

шкіра

peau

щока

joue

вухо

oreille

губа

lèvre

тіло - corps

рот

bouche

зуб

dent

язик

langue

мозок

cerveau

серце

cœur

м'яз

muscle

легені

poumons

печінка

foie

шлунок

estomac

нирки

reins

статевий акт

rapport sexuel

презерватив

préservatif

яйцеклітина

ovule

сперма

sperme

вагітність

grossesse

менструація

menstruation

вагіна

vagin

пеніс

pénis

брова

sourcil

волосся

cheveux

шия

cou

лікарня
hôpital

машина швидкої допомоги
ambulance

інвалідний візок
fauteuil roulant

перелом
fracture

лікар
médecin

відділення швидкої
медичної допомоги
service des urgences

медсестра
infirmière

аварійний випадок
urgence

непритомний
inconscient

біль
douleur

травма

blessure

кровотеча

hémorragie

інфаркт

crise cardiaque

інсульт

attaque cérébrale

алергія

allergie

кашель

toux

лихоманка

fièvre

грип

grippe

пронос

diarrhée

головна біль

mal de tête

рак

cancer

діабет

diabète

хірург

chirurgien

скальпель

scalpel

операція

opération

КТ

CT

рентген

radiographie

ультразвук

échographie

маска

masque

хвороба

maladie

зал очікування

salle d'attente

милиця

béquille

пластир

pansement

пов'язка

pansement

ін'єкція

injection

стетоскоп

stéthoscope

ноші

brancard

термометр

thermomètre

народження

accouchement

надмірна вага

surpoids

слуховий апарат

appareil auditif

дезінфікуючий засіб

désinfectant

інфекція

infection

вірус

virus

ВІЛ / СНІД

VIH / sida

медицина

médicament

вакцинація

vaccination

таблетки

tablettes

протизаплідна пігулка

pilule

екстрений виклик

appel d'urgence

тонометр

tensiomètre

хворий / здоровий

malade / sain

сигнал тривоги

alarme

напад

agression

Допоможіть!

Au secours!

атака

attaque

небезпека

danger

аварійний вихід

sortie de secours

Вогонь!

Au feu!

вогнегасник

extincteur

аварія

accident

аптечка

trousse de premier secours

СОС

SOS

поліція

police

Європа

Europe

Північна Америка

Amérique du Nord

Південна Америка

Amérique du Sud

Африка

Afrique

Азія

Asie

Австралія

Australie

Атлантика

Océan atlantique

Тихий океан

Océan pacifique

Індійський океан

Océan indien

Антарктичний океан

Océan antarctique

Північний Льодовитий
океан

Océan arctique

Північний полюс

Pônord

Південний полюс

Pôsud

Антарктика

Antarctique

Земля

terre

суша

pays

море

mer

острів

île

нація

nation

держава

état

циферблат

cadran

годинникова стрілка

aiguille des heures

хвилинна стрілка

aiguille des minutes

секундна стрілка

aiguille des secondes

Котра година?

Quelle heure est-il?

день

jour

час

temps

зараз

maintenant

цифровий годинник

montre digitale

хвилина

minute

година

heure

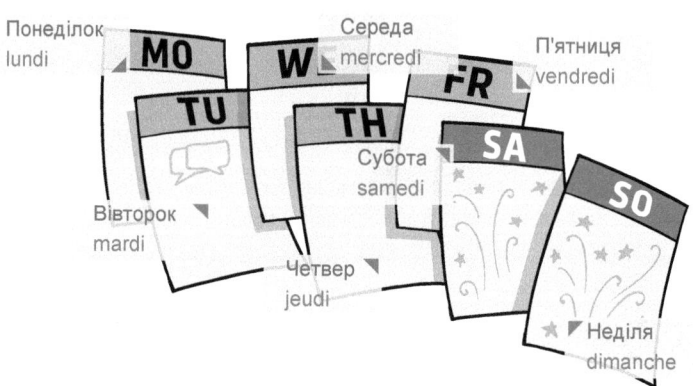

Понеділок
lundi

Середа
mercredi

П'ятниця
vendredi

Вівторок
mardi

Субота
samedi

Четвер
jeudi

Неділя
dimanche

вчора

hier

сьогодні

aujourd'hui

завтра

demain

ранок

matin

опівдні

midi

вечір

soir

робочі дні

jours ouvrables

кінець робочого тижня

week-end

дощ
pluie

веселка
arc-en-ciel

сніг
neige

вітер
vent

весна
printemps

осінь
automne

літо
été

зима
hiver

прогноз погоди

météo

термометр

thermomètre

сонячне світло

lumière du soleil

хмара

nuage

туман

brouillard

вологість повітря

humidité

блискавка

foudre

грім

tonnerre

шторм

tempête

град

grêle

мусон

mousson

повінь

inondation

лід

glace

Січень

janvier

Лютий

février

Березень

mars

Квітень

avril

Травень

mai

Червень

juin

Липень

juillet

Серпень

août

82

pік - année

Вересень
....
septembre

Жовтень
....
octobre

Листопад
....
novembre

Грудень
....
décembre

круг
....
cercle

квадрат
....
carré

прямокутник
....
rectangle

трикутник
....
triangle

куля
....
sphère

куб
....
cube

білий

blanc

жовтий

jaune

помаранчевий

orange

рожевий

rose

червоний

rouge

фіолетовий

violet

синій

bleu

зелений

vert

коричневий

marron

сірий

gris

чорний

noir

багато / мало

beaucoup / peu

лютий / мирний

fâché / calme

гарний / бридкий

joli / laid

початок / кінець

début / fin

великий / малий

grand / petit

світлий / темний

clair / obscure

брат / сестра

frère / sœur

чистий / брудний

propre / sale

завершений /
незавершений
complet / incomplet

день / ніч

jour / nuit

мертвий / живий

mort / vivant

широкий / вузький

large / étroit

їстівний / неїстівний

comestible / incomestible

злий / дружній

méchant / gentil

збуджений / нудьгуючий

excité / ennuyé

товстий / тонкий

gros / mince

спочатку / востаннє

premier / dernier

друг / ворог

ami / ennemi

повний / порожній

plein / vide

жорсткий / м'який

dur / souple

важкий / легкий

lourd / léger

голод / спрага

faim / soif

хворий / здоровий

malade / sain

незаконний / законний

illégal / légal

розумний / дурний

intelligent / stupide

вліво / вправо

gauche / droite

поруч / далеко

proche / loin

новий / використаний

nouveau / usé

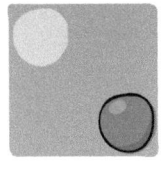

нічого / щось

rien / quelque chose

старий / молодий

vieux / jeune

вкл / викл

marche / arrêt

відкрито / закрито

ouvert / fermé

тихо / гучно

faible / fort

багатий / бідний

riche / pauvre

правильно / неправильно

correct / incorrect

шорсткий / гладкий

rugueux / lisse

сумний / щасливий

triste / heureux

короткий / довгий

court / long

повільно / швидко

lent / rapide

вологий / сухий

mouillé / sec

гарячий / холодний

chaud / froid

війна / мир

guerre / paix

протилежності - oppositions

0

нуль

zéro

1

один

un

2

два

deux

3

три

trois

4

чотири

quatre

5

п'ять

cinq

6

шість

six

7

сім

sept

8

вісім

huit

9

дев'ять

neuf

10

десять

dix

11

одинадцять

onze

12

дванадцять

douze

13

тринадцять

treize

14

чотирнадцять

quatorze

15

п'ятнадцять

quinze

16

шістнадцять

seize

17

сімнадцять

dix-sept

18

вісімнадцять

dix-huit

19

дев'ятнадцять

dix-neuf

20

двадцять

vingt

100

сто

cent

1.000

тисяча

mille

1.000.000

мільйон

million

англійська

anglais

американська англійська

anglais américain

китайська
високочиновницька

chinois mandarin

хінді

hindi

іспанська

espagnol

французька

français

арабська

arabe

російська

russe

португальська

portugais

бенгальська

bengali

німецька

allemand

японська

japonais

я
je

ти
tu

він / вона / воно
il / elle

ми
nous

ви
vous

вони
ils / elles

хто?
qui?

що?
quoi?

як?
comment?

де?
où?

коли?
quand?

ім'я
nom

ззаду

derrière

в

dans

перед

devant

над

au-dessus

на

sur

під

en-dessous

біля

à côté de

між

entre

місце

lieu